<그리스도인이면 꼭 알아야 할 성경 지식>

성령 침례와 성령 충만

서울솔로몬학교 성경연수원

차 례

이 책에 인용된 성경 구절은 〈한글킹제임스성경〉입니다.

제1과

성령 하나님의 신성과 인격

『또 내가 아버지께 기도하겠고, 그분께서 또 다른 위로자를 너희에게 주시리니 그가 너희와 함께 영원히 거하시리라』(요 14:16).

성령 하나님은 누구이신가?

많은 사람들이 아버지 하나님과 아들 하나님에 대해서는 알아도 "성령 하나님"에 대해서는 제대로 알지도 못하고 올바르게 믿지도 않는다. 아버지 하나님이나 아들 하나님과 동등하신 하나님으로 인정하지 않고, 또한 그분을 인격적인 존재로 믿지 않는 것이다. 그들은 성령 하나님을 하나님 아버지보다 더 열등한 존재로 생각하고, 단지 하나님의 종이나 심부름꾼 정도로만 여긴다. 심지어 소름이 돋게 하거나 이상한 방언이나 하게 하여 무아지경으로 인도하는 어떤 힘 정도로 생각하기도 한다. 어떤 사람들은 성령님을 전기처럼 생명이 없는 물리적인 힘이나 영향력 정도로 격하시켜서, 그분은 하나님이 아니시므로 능력은 있지만 살아 있는 인격체가 아니라고 주장하기도 한다. 그러나 성령 하나님께서는 살아계신 "한 인격"(a person)이실 뿐만 아니라 아버지 하나님, 아들 하나님과 동등하신 하나님(God)이시다. 따라서 성령 하나님께서는 거룩하신 하나님으로서 경배를 받으셔야 마땅하다.

■ 새롭게 깨달았거나 적용할 내용이 있다면 적어 보세요. ■

한 인격이신 성령 하나님

1. "인칭 대명사"의 사용

성경은 성령 하나님을 부를 때 "**인칭 대명사**"[그(분), he, him]를 사용한다(요 15:26; 16:8,13,14). 성령님이 한 인격이시라면 우리는 그분을 보다 더 개인적으로 친근하게 알아야 한다.

2. 성령 하나님께서 지니신 인격적인 성품들

1) 성령 하나님께서는 "**지성**"을 갖고 계신다. 성령 하나님께서는 ① 가르치실 수 있고(느 9:20), 마음을 살피시며 감찰하실 수 있다(롬 8:27). ② 지식과 지성이 있으시고 모든 것을 아시기 때문에(고전 2:11,12) 누구에게도 속지 않으시지만, 사람은 성령 하나님께 거짓말을 하고(행 5:1-6) 그분을 거슬러 말한다(마 12:32).

2) 성령 하나님께서는 "**감정**"을 갖고 계신다. 그래서 성령 하나님께서는 ① 어떤 대상을 사랑하실 수 있고(롬 5:5; 15:30) 어떤 일에 슬퍼하실 수 있으며(엡 4:30), 괴로워하실 수도 있고(사 63:10) 모욕을 당하실 수도 있다(히 10:29). ② 성령 하나님에 의해 거듭난 그리스도인은 그분을 피하거나 의심하거나 미워하거나 모욕하지 말고, 믿음과 사랑과 찬사를 가지고 그분께 꾸준히 가까이 다가서야 한다.

3) 성령 하나님께서는 "**의지**"를 갖고 계신다. 그래서 성령 하나님께서는 구분의 의지력을 가지고 결정을 내리실 수 있으며(고전 12:11), 또한 능력도 갖고 계시기 때문에(행 1:8) 그분의 능력으로 어떤 사람이라도 성령 충만한 설교자로 변화시키실 수 있다.

인격이 있어야만 할 수 있는 성령 하나님의 사역

① 성령님께서는 하나님의 깊은 것들을 통찰하신다(고전 2:10).

② 성령님께서는 사람을 불러서 특정한 과업을 맡기신다(행 13:2; 20:28).

③ 성령님께서는 하나님께서 보내신 목적대로 그분의 뜻을 수행하신다(요 15:26).

④ 성령님께서는 중보하신다(롬 8:26, "말할 수 없는 신음으로").

⑤ 성령님께서는 가르치시고(요 14:26) 증거하신다(요 15:26).

⑥ 성령님께서는 인도하시고 지시하신다(롬 8:14).

⑦ 성령님께서는 금지와 허락 등의 명령을 내리신다(행 16:6,7).

⑧ 성령님께서는 무언가를 말씀하신다(계 2:7).

⑨ 성령님께서는 부르짖게 하신다(갈 4:6).

모든 그리스도인 안에는 컴퓨터 한 대가 내장되어 있는데, 곧 어떤 것도 다시 생각해 낼 수 있게 하는 완전한 기억장치가 들어 있는 것이다. 그가 정직한 마음으로 하나님의 말씀을 발견하기 위해 부지런히 시간을 투자하기만 하면, 성령 하나님께서는 하나님의 말씀들을 그분의 보고에서 꺼내어 그로 하여금 필요한 때에 생각나게 해 주신다. 그리하여 필요한 때에 『모든 것을 언제나 너희가 필요한 대로 가질 수 있게 하심으로 모든 선한 일에 넘치게』(고후 9:8) 하신다. 이런 사실은 다른 한편으로 대부분의 그리스도인들이 정상적인 하나님의 자녀로 성장하지 못하는 이유를 보여 준다. 즉 그들은 하나님의 말씀을 공부하는 데 시간을 쓰지 않는 것이다. 강제로라도 공부하게 해 보지만 그들은 말씀을 읽거나 배우려 하지 않는다. 그리하여 어떤 문제에 봉착했을 때 아무 말씀도 생각나지 않는 것이다. 성령 하나님께서는 우리를 가르치기 위해 오셨고, 또 생각나게 하려고 오셨다는 사실을 명심해야 한다.

위로자이신 성령 하나님

성령에 해당하는 헬라어는 "파라클레토스"(παράκλητος)이다. 이는 "돕기 위해 부름받은 사람," 특히 "법정에서 돕는 사람"이라는 의미이다. 이 단어는 성경에서 "변호인"(advocate, 요일 2:1 - 1회)의 용례로 예수 그리스도를 가리켜서 사용되었고, "곁에서 함께 거하며 위로하는 사람," 곧 "위로자"(Comforter, 요 14:16,26; 15:26, 16:7 - 4회)의 용례로 성령 하나님을 가리켜서 사용되었다.

예수님께서는 성령님을 "위로자"라고 말씀하셨다(요 14:16-18,25,26; 15:26; 16:5-7, cf. 시 27:10, 사 66:13).

말하자면 제자들과 함께 거하셨던 예수 그리스도께서 승천하신 이후에도 그들을 고아처럼 남겨 두지 않으시고 그들과 함께 거하시고 위로하시기 위해 보내신 분이라는 것이다. 성령 하나님께서는 예수 그리스도께서 승천하셔야만 오실 수 있는 분, 곧 예수님의 이름으로 보냄을 받으신 분으로서, 또 다른 "위로자"이신 것이다.

성령 하나님께서는 ① 비정상적인 두려움과 어두움의 공포를 치유하신다(요일 1:7, 요 8:12, 딤후 1:7, 히 13:5,6). 성령님은 우리와 함께하시며, 우리 옛 사람의 내부, 곧 속 사람에 위치하시어 우리의 내부를 비추시고 어두운 부분에 빛을 가져오시는 "**주님의 탐조등**"이다(cf. 창 1:2,3). 성령 하나님님께서는 ② 불면증을 치료하신다(시 127:2). 성령 하나님과의 교제(고후 13:14)에 집중하면 잠을 잘 수 있다. "**이 나라에서 필요한 유일한 '약(pill)은 'gospill'(복음)이다**"(레스터 롤로프).

성령 하나님께서는 ③ 모든 외로움을 치유해 주시며(히 13:5), ④ 그분께 의뢰하는 모든 성도의 상한 마음을 치유하신다(시 127:2). 우리는 **성령 하나님을 통해 상하고 공허한 마음을 채워야 한다**. 수많은 순교자들이 화형과 온갖 고문과 배고픔 등 시련과 고난을 견뎌 낼 수 있었던 것은 오직 그들 안에 내주하시는 성령 하나님의 능력 때문이었다.

> 주님, 저는 도저히 견딜 수가 없습니다. 정말 참기 힘듭니다. 어떻게 할 수가 없습니다. 저를 위해 저의 죄들을 가져가 주십시오. 제 상처는 썩어 냄새가 나고 저의 죄들은 저의 머리에서 계속 맴돌고 있습니다. 제가 짊어지기에는 너무 무겁습니다. 주님, 저는 이 외로움을 참을 수가 없습니다. 그 고통을 견딜 수가 없습니다. 그 슬픔을 참을 수가 없습니다. 주님께서는 그 고통을 이미 경험하셨고 그 슬픔을 아십니다. 주님은 견디실 수 있습니다. 주님께서 가져가 주십시오. 저는 가지고 갈 수 없습니다(시 55:22, 마 11:28-30, 수 1:9).

마지막으로 성령 하나님님께서는 ⑤ 가장 위대한 격려가 되어 주시고, 무기력을 치유하시며, 가르치고 설교하는 데 역사하신다.

성령 하나님의 신성

『내가 주의 영으로부터 벗어나 어디로 가며 주의 면전에서 벗어나 어디로 피하리이까? 내가 하늘로 올라갈지라도 주께서는 거기 계시며 내가 지옥에 잠자리를 마련한다 하여도, 보소서, 주께서는 거기 계시나이다』(시 139:7,8).

① 성령님께서는 영원하시다(히 9:14). 영원한 생명을 소유하는 것 또한 영원하신 성령 하나님을 받아들일 때만 가능하다.

② 성령님께서는 어느 곳에나 존재하신다(시 139:7,8). 성령 하나님을 피할 수 있는 곳은 우주 어디에도 없다.

③ 성령님께서는 전능하시다(눅 1:35). 그 능력으로 우주 만물을 창조하셨다(창 1:2, 욥 26:13).

④ 성령님께서는 모든 것을 아신다(고전 2:10,11, 요 14:26; 16:13).

⑤ 성령님께서는 거룩하시다(눅 11:13). "성령"(Holy Spirit), 즉 "거룩한 영"에서 "거룩한"(holy)이라는 말은 성령님의 이름과 연관이 있다.

⑥ 성령님께서는 진리이시다(요일 5:6).

⑦ 성령님께서는 선하시다(느 9:20, cf. 마 19:17).

■ 새롭게 깨달았거나 적용할 내용이 있다면 적어 보세요 ■

⑧ 성령님께서는 모든 성도들과 동시에 교제하실 수 있다(고후 13:14).

⑨ 성경은 성령님을 하나님이라고 말씀하신다(사 6:8-10, 행 28:25-27).

『어찌하여 사탄이 너의 마음을 가득 채워 성령께 거짓말하게 하며... 네가 사람에게 거짓말을 한 것이 아니라 하나님께 하였느니라』(행 5:3,4).

⑩ 삼위일체 하나님의 한 인격으로서 완전한 하나님이시다.

『아버지와 아들과 성령의 이름으로 침례를 주며』(마 28:19). 『주 예수 그리스도의 은혜와 하나님의 사랑과 성령의 교제가 너희 모두와 함께 있을지어다. 아멘』(고후 13:14). 『또 내[예수님]가 아버지[하나님]께 기도하겠고, 그분께서 또 다른 위로자[성령님]를 너희에게 주시리니』(요 14:16).

"하나님"만 하실 수 있는 일들을 하시는 성령 하나님

① 성령님께서는 우주 만물을 창조하셨다(욥 33:4, 시 104:30).

② 성령님께서는 죄인들을 구원하신다(고전 6:11, 엡 1:13).

③ 성령님께서는 생명을 주신다(요 6:63; 3:5,6). 성령님께서 우리를 "다시 태어나게" 하시지 않으면, 우리는 결코 거듭날 수 없다.

④ 성령님께서는 예언을 하시고 영감을 주시며 성경을 기록하게 하셨다(벧후 1:21).

⑤ 죄와 의와 심판에 대하여 책망하신다(요 16:8-11).

"죄에 대해 책망"하시는 이유는 세상이 예수님을 믿지 않기 때문이다(9절). 예수님께서는 하나님 아버지께서 보내신 분인데, 그분을 믿지 않는 것은 죄인 것이다. "의에 대해 책망"하시는 이유는 의인이신 예수님을 세상이 죽였기 때문이다. 특히 예수님께서는 『**내가 내 아버지께 가므로**』(10절)라고 말씀하시는데, 이것은 예수 그리스도께서 죽임을 당하신 후에 부활하셔서 승천하실 것이라는 말씀이다. 즉 예수님께서는 부활하심으로써 하나님의 의와 능력으로 인정받으신 것이다. "심판에 대해 책망"하시는 이유는 이 세상의 신이 심판을 받기 때문이다(11절). 마귀는 이미 십자가에서 패배했고(골 2:14,15) 멸망을 선고받았다. 따라서 마귀를 따라가는 온 세상은 그와 함께 심판받게 될 것이다. 결국 이 모든 책망은 세상이 예수 그리스도를 못 박아 죽인 것에 대한 책망이다. 성령 하나님께서 이 세 가지 책망을 통해 말씀하시고자 하는 요지는 다음과 같다. "너희는 왜 아버지께서 보내신 분을 믿지 않았느냐? 이것이 죄인 줄 모르는 것이냐?" "지금 아버지께로 가신 예수 그리스도께서는 의인이시다. 너희가 바로 그 의인을 죽였도다." "너희의 신 마귀는 심판을 받았느니라. 그러므로 예수 그리스도를 믿지 않는 너희가 심판을 피할 수 있을 것이라 생각지 말라!"

성령 하나님의 종속성

아버지 하나님과 아들 하나님과 성령 하나님은 "신격"(Godhead, 롬 1:20, 골 2:9) 안에서 모두 동등하시지만, **그분의 목적에 따른 어떤 사역을 행하실 때는 서로에게 "종속"되기도 하신다**. 물론 그렇다고 해서 어떤 한 분이 다른 한 분보다 열등하다는 의미는 아니다!

① 아버지 하나님께서는 성령 하나님을 지상으로 보내셨고, 성령님께서는 그 명령에 복종하셨다(요 14:26). 성령님께서는 자신의 것을 말씀하시지 않고, "하나님의 영"(롬 8:9)으로서 아버지 하나님께로부터 들은 것을 말씀하신다(요 16:13).

② 아들 하나님께서는 성령 하나님을 그분을 믿는 자들과 교회에 보내셨다(요 15:26). 성령님께서는 스스로 말씀하시거나 증거하시지 않고, "아들의 영"(갈 4:6)으로서 예수 그리스도를 증거하시며 영화롭게 하신다(요 16:14).

성령 하나님과 그리스도인

성령 하나님에 의해 거듭난 그리스도인은 한 인격이시요, 위로자이신 성령 하나님과 최상의 관계를 유지해야 한다. 매 순간 성령님과 인격적으로 친밀한 교제를 나눔으로써 나그네와 순례자 같은 믿음의 여정을 지속해야 하는 것이다.

성령 하나님께서는 그분의 성도들을 예수 그리스도의 재림 때까지 보호하시고 예수님과 일치되게 하신다. 특히 끝까지 성도들을 지키시어 구원의 영원한 보장을 보증해 주신다. 예수님께서는 성령님에 관해 말씀하시면서, 그분이 오시면 우리와 영원히 함께 거하실 것이라고 말씀하셨다(요 14:16). 따라서 어떤 사람이 하나님께 거짓말을 하고 자신의 구원과 하나님의 말씀을 의심하기 시작할 때, 또한 구원받기 위해 행위에 의존하거나 믿음에 행위를 더할 때, 그 사람은 즉시 자신의 삶에서 성령님을 소멸케 하고 자신의 몸 안에 내주하시는 성령님을 모욕하게 된다. 그런 사람은 자신의 구원 여부조차 알 수 없게 된다!

제1과
복습문제

1. 성령 하나님께서는 한 영이시기에 "중성"의 존재로서 아버지 하나님이나 아들 하나님보다 더 열등하시다. (O , X)

2. 성령 하나님께서는 한 인격이시기에 지성과 감정과 ( )를 갖고 계신다.

3. 성령 하나님께서는 예수 그리스도께서 승천하셔야만 오실 수 있는 분, 곧 그분의 이름으로 보냄을 받으신 분으로, 또 다른 "( )"이시다.

4. 성령 하나님께서는 ( )와 ( )와 ( )에 대하여 세상을 책망하신다(요 16:8-11).

5. 성령 하나님께서는 특별한 목적을 위해 아버지 하나님과 아들 하나님께 종속되어 사역하시기 때문에 서열상 열등하신 분이시다. (O , X)

■ 복습 문제의 정답은 홈페이지(www.solomonbtc.org)에서 확인할 수 있습니다.

NOTES

제2과
성령 하나님의 사역

『그러나 진리의 영이신 그분이 오시면 너희를 모든 진리로 인도하시리라. 그분은 자신에 관하여 말씀하지 아니하시며, 무엇이나 들은 것을 말씀하실 것이요, 또 너희에게 다가올 일들을 알려 주시리라』(요 16:13).

그리스도의 몸 된 교회에 역사하시는 성령 하나님

성령 하나님께서는 이 세상에서 분명한 목적을 가지고 일하시는 신성한 인격체이시다. 그분의 활동은 우주 및 이 세상에 사는 인간들과 밀접하게 연관되어 있다. 오순절 이래로 성도들과 관련하여 성령님께서 하시는 사역에 약간의 변화가 생겼다. 구약 시대에는 성령님께서 성도들 안에 들어왔다 나갔다 하시면서 사역을 하셨으나, 오순절 이후로는 성도들 안에 내주하시면서 예수 그리스도의 몸인 교회 안에 거하신다. 『**주의 영이 기드온에게 임하시어**』(판 6:34). 『**주의 영이 사울에게서 떠나고**』(삼상 16:14). 『**그때 주의 영이 입다에게 임하시니**』(판 11:29). 『**주의 면전에서 나를 내어쫓지 마시고 주의 거룩한 영을 내게서 거두어 가지 마소서**』(시 51:11). 분명 다윗의 이러한 기도는 오순절 이후에는 적절하지 못하다. 이는 성령님께서 성도 안에 영원한 처소를 마련하셨기 때문이다. 곧 요한복음 14:16의 말씀과 같다. 『**위로자를 너희에게 주시리니 그가 너희와 함께 영원히 거하시리라.**』

창조, 우주, 불신자, 성경과 관련된 사역

① 성령님께서는 창조 사역에 활동적으로 참여하셨다. 『**땅은 형체가 없고 공허하며 어두움이 깊음의 표면에 있으며 하나님의 영은 물들의 표면에서**

거니시더라』(창 1:2, cf. 욥 26:13,14; 33:4, 시 104:30; 33:6).

② 성령님께서는 창조하시고 보존하시며, 또 하나님의 뜻에 따라 파괴도 하신다. **『풀은 마르고 꽃은 시드나 우리 하나님의 말씀은 영원히 서리라』**(사 40:8). **『주께서 주의 영을 보내시어 그들이 창조되었으니 주께서 지면을 새롭게 하시나이다』**(시 104:30). 하나님의 말씀과 성령의 권능에 의하여 세상은 새롭게 변모된다.

③ **『그분이 오시면 죄에 대하여, 의에 대하여, 심판에 대하여 세상을 책망하시리라』**(요 16:8). 성령님께서는 죄에 대해 세상을 책망하신다. 세상이 예수 그리스도를 믿지 않기 때문이다. 그리스도께서는 완전히 의로우시기에 성령님께서는 의에 대해 세상을 책망하신다. 뿐만 아니라 그리스도께서 죄인들을 위해 심판(갈보리)을 받으셨고, 또한 이 세상의 통치자도 심판을 받았으므로 성령님께서는 심판에 대해 세상을 책망하신다. 이처럼 성령님께서는 그리스도와 갈보리를 끊임없이 증거하신다.

④ 성령님께서는 성경의 저자이시자, 해석자이시다(요 16:14; 14:26). **『먼저 이것을 알지니, 성경의 어떤 예언도 사사로운 해석에서 나온 것이 아니니, 예언은 예전에 사람의 뜻에서 나온 것이 아니요 오직 하나님의 거룩한 사람들이 성령으로 감동을 받아 말한 것이니라』**(벧후 1:20,21, cf. 딤후 3:16). 오! 얼마나 신실하게 성령님께서는 나의 생활 속에서 필요할 때마다 성경 구절을 생각나게 해 주셨는가!

■ 새롭게 깨달았거나 적용할 내용이 있다면 적어 보세요. ■

주 예수 그리스도와 관련된 사역

예수 그리스도께서는 성령으로 잉태되시어 탄생하셨고(눅 1:35), 침례를 받으신 이후에는 마귀의 시험을 받으시려고 성령님께 이끌리시어 광야로 나가셨으며(마 4:1), 선한 일을 위하여 성령으로 기름부음을 받으셨다(행 10:38). 또한 예수님께서는 성령님의 능력으로 십자가에 못 박히셨고(히 9:14), 성령님의 능력으로 무덤에서 부활하셨으며(롬 1:4), 제자들과 교회에게 성령을 통하여 계시를 주셨고(행 1:2), 우리에게 성령님을 보내 주셨다(행 2:33). 우리는 여기에서 예수 그리스도께서 성령 하나님을 통해 사셨듯이, 우리도 성령님을 통해 살아야 한다는 사실을 실제적인 교훈으로 얻을 수 있다.

성도와 관련된 사역

① 성도들을 양자가 되게 해 주시고 아들답게 만드신다(롬 8:16,17, 갈 4:6).

② 성도를 인치시고 미래의 영광을 위한 보증이 되신다(고후 1:22, 엡 1:13,14).

③ 성도를 자신으로 채우시고 승리의 삶을 살게 하신다(행 1:4-8; 4:31).

④ 성도를 거룩하게 하시고 세상으로부터 떼어놓아 성별하게 하신다(살후 2:13, 벧전 1:2).

⑤ 항상 성도들과 함께하신다(요 14:16).

⑥ 하나님의 말씀으로 성도들을 가르치신다(요 14:26, 고전 2:13).

⑦ 우리가 신실하게 배운 것을 생각나게 하신다(요 14:26).

⑧ 구주에 관하여 증거하시며 끊임없이 주님을 더 알도록 하신다(요 15:26).

⑨ 성도들을 모든 진리 가운데로 인도하시고(요 16:13) 오류를 고쳐 주신다.

⑩ 우리의 몸을 취하시고, 또 우리 몸을 통하여 하나님께 영광을 돌리게 하신다(고전 6:19,20).

⑪ 그리스도의 것, 즉 영적인 일들을 우리에게 깨닫게 하신다(요 16:14).

⑫ 우리가 약할 때 우리에게 능력을 주셔서 하나님께 복종하게 하시며 우리를 강건하게 해 주신다(겔 36:27).

⑬ 어떤 대가를 치르더라도 진리에 순종하는 능력을 주신다(벧전 1:22).

⑭ 그분은 성도들에게 죄와 사망의 법에서 해방되는 자유를 주신다(롬 8:2).

⑮ 연약한 성도로 하여금 그분의 능력으로 그의 삶에서 의의 법을 이루게 해 주신다(롬 8:3,4).

⑯ 성도에게 능력을 주셔서 육신을 이기게 하심으로 하나님을 기쁘게 하신다(롬 8장).

⑰ 우리의 죽을 몸을 살리신다(롬 8:11).

⑱ 몸의 행실을 죽이는 힘을 주신다(롬 8:13).

⑲ 하나님의 뜻 안에서 기도할 수 있도록 기도 생활을 인도하신다(롬 8:26,27).

⑳ 성도들에게 육신의 정욕을 이기게 하신다(갈 5:16,17).

㉑ 율법의 지배에서 그리스도 안에 있는 자유로 인도하신다(갈 5:18).

㉒ 오직 성령님을 통해서만 우리는 성령의 열매를 맺을 수 있다(갈 5:22,23).

㉓ 우리를 성령 안에서 행하게 하시어 거룩한 삶을 살게 하신다(갈 5:25).

㉔ 우리가 아버지 하나님을 기쁘시게 해 드리지 못하는 것들을 모두 다 버리도록 도우신다(엡 4:30-32).

㉕ 사탄을 대항하게 하셔서 사탄이 패하고 도망하게 만드신다(약 4:7).

㉖ 그분은 주를 신뢰하는 성도의 혼을 쉬게 하신다(사 63:14).

㉗ 예수 그리스도를 생활 가운데 주인(주인과 왕)이 되게 하신다(고전 12:3).

㉘ 하나님의 자녀에게 자유함을 주신다(고후 3:17).

㉙ 하나님의 자녀에게 하나님의 사랑을 주신다(롬 5:5, 골 1:4,8).

㉚ 성도에게 충만한 기쁨과 온전한 행복과 만족을 주신다(행 13:52).

㉛ 영적인 능력으로 속 사람을 강건케 하신다(엡 3:16).

㉜ 하나님의 자녀에게 의와 화평과 기쁨을 주신다(롬 14:17; 15:13).

㉝ 친히 하나님의 깊은 것들을 보여 주시고 해석해 주시며 적용하게 해 주신다(고전 2:9-14).

㉞ 우리에게 능력을 주셔서 다른 사람에게 진리를 전하게 하신다(행 1:8, 고전 2:1-4, 살전 1:5).

㉟ 하나님 한 분만을 경배하고 찬양하게 하신다(요 4:23,24, 빌 3:3).

㊱ 우리를 위로해 주신다(행 9:31).

㊲ 그리스도 안에서 사람들을 부르시어 사역을 맡기신다(행 8:27-29; 13:2-4).

㊳ 성도의 생활과 섬김에 있어서 세부적인 부분들까지도 자상하게 인도하신다(마 4:1, 롬 8:14, 행 10장).

㊴ 우리가 하늘에 계신 아버지께로 직접 나아가게 하신다(엡 2:18).

성령 하나님께서 하시는 일은 너무나 광범위하고 다양하다. 위에서 다룬 것 외에도 성령님께서는 사람을 죄에서 의로 돌이키려고 사람과 다투신다(창 6:3). 그분은 인간에게 깨달음을 주신다(욥 32:8). 그분은 우리에게 재능과 기술을 주신다(출 31:2-5). 또한 사람들이 평범한 일을 할 수 있도록 도우신다(판 6:34). 삼손에게는 육체적인 힘을 주시기도 하셨다(판 14:6).

성령을 받은 성도들이 해야 할 일

성령으로 우리를 거듭나게 하신 주님을 찬양하자(요 3장). 또한 성령을 통해 우리에게 은사들을 주신 주님을 찬양하자(고전 12:7-11). 한 가지 분명하게 깨닫고 적용할 것은, 하나님의 아들들인 우리가 성령님의 인도하심을 받지 않거나 성령으로 충만하게 되지 않고 할 수 있는 일은 아무것도 없다는 사실이다!

■ 새롭게 깨달았거나 적용할 내용이 있다면 적어 보세요 ■

제2과
복습문제

1. 구약 시대에는 성령 하나님께서 성도들 안에 들어왔다 나갔다 하시면서 사역을 하셨으나, 오순절 이후로는 성도들 안에 ( )하시면서 예수 그리스도의 몸인 교회 안에 거하신다.

2. 예수님께서는 ( )의 능력으로 무덤에서 부활하셨다(롬 1:4).

3. 성령 하나님께서는 하나님의 ( )을 보여 주시고 해석해 주시며 적용하게 해 주신다(고전 2:9-14).

4. 성령 하나님께서는 하나님의 자녀들에게 의와 ( )과 기쁨을 주신다(롬 14:17; 15:13).

5. 『그러나 진리의 영이신 그분이 오시면 너희를 모든 ( )로 인도하시리라. 그분은 자신에 관하여 말씀하지 아니하시며, 무엇이나 들은 것을 말씀하실 것이요, 또 너희에게 ( )을 알려 주시리라』(요 16:13).

■ 복습 문제의 정답은 홈페이지(www.solomonbtc.org)에서 확인할 수 있습니다.

NOTES

NOTES

제3과

그리스도의 몸 안으로 들어가는 성령 침례

『유대인이나 이방인이나, 종이나 자유인이나 한 성령에 의하여 우리 모두가 한 몸 안으로 침례를 받았으며 또 모두가 한 성령 안으로 마시게 되었느니라』(고전 12:13).

성령 침례

성령 침례는 배교한 기독교계에서, 특히 은사주의자들을 중심으로 잘못 주장되어 온 교리이다. 이 진리를 성경적으로 알지 못하기에 악령의 역사를 성령의 역사로 오해했고, 이로써 수많은 혼들이 교회는 다녀도 구원받지 못한 채 지옥을 향해 가고 있는 것이다. 그러므로 우리는 성령에 무지한 자들의 오류로부터 자신을 지키기 위해 성령 침례에 관한 성경적인 교리를 정확하게 이해할 필요가 있다.

성령 침례에 관한 다양한 해석과 설명

1. 성령 침례와 성령 충만은 같다(행 2:4)

침례(baptism)와 충만(fullness)은 다른 단어이며, 그 의미도 다르다. 침례는 "어떤 것 속으로 잠기는 것"(immersion)을 의미하며, 충만은 "어떤 개체 속에 무엇인가 가득 채워진 상태"를 의미한다.

"침례"와 "충만"이 다른 단어인 것과 마찬가지로, "성령 침례"와 "성령 충만"도 다른 단어이며, 그 의미도 다르다. "성령 침례"는 성령 안으로 잠기는 것이며, "성령 충만"은 성령으로 가득 채워지는 것이다. 이 두 가지가 같다고 주장하는 것은 단어의 의미를 고의로 왜곡하는 것이다.

2. 성령 침례의 증거는 방언이다(행 2:4; 10:45,46; 19:6)

『그들 모두가 성령으로 충만하여 성령께서 그들에게 발설하게 하신 대로 다른 방언들로 말하기 시작하더라』(행 2:4).

『그러므로 베드로와 함께 온 모든 할례받은 믿는 자들이 성령의 선물을 이방인들에게도 부어 주심을 보고 놀라니 이는 그들이 방언으로 말하며 하나님을 높이는 것을 들음이라』(행 10:45,46).

『그리하여 바울이 그들에게 안수하니 성령께서 그들 위에 임하시어 그들이 방언들로 말하며 예언하니』(행 19:6).

사도행전에 나타난 방언의 사례들은 표적을 구하는 유대인들에게(고전 1:22) 하나님의 경영 방침이 바뀌고 있음을 방언이라는 표적을(고전 14:22) 통해 보여 주는 것이었다.

사도행전의 사건들은 유대인의 경륜에서 교회의 경륜으로 넘어가는 과도기에 일어난 일들이므로 신약의 교리가 될 수 없다.

3. 성령 침례는 은혜의 부차적인 사역이다

"성령 침례"가 "하나님으로부터 오는 능력이 충만한 상태"를 표현하는 말이라고 주장하는 사람들은 대개 무디(Moody)나 토레이(Torrey), 피니(Finney) 등 하나님의 위대한 사람들의 경험과 그 경험에 관한 표현에 그 근거를 두고 있다. 이들이 자기들이 경험한 성령 충만을 성령 침례란 말로 오해하여 표현한 것이다.

무지한 많은 교회들이 성령 침례와 관련하여 위와 같은 자세를 취함으로써 성령 충만을 흉내 내고 있지만, 그것은 악령 충만에 불과하다.

4. 성령 침례는 의를 사랑하고 죄를 미워하는 조건을 충족시킨 사람에게만 행해진다

이러한 주장은 『**왕께서는 의를 사랑하시고 악을 미워하시나니 그러므로 하나님, 곧 당신의 하나님께서 당신께 기쁨의 기름을 부어 당신의 동료들보다 우위에 두셨나이다.**』(시 45:7)에 근거하고 있는데, 이 구절은 성령 침례가 아니라 "예수 그리스도께 대한 성령의 기름부음"을 말하는 구절이다. 『**하나님께서 보내신 분은 하나님의 말씀들을 말씀하시나니, 이는 하나님께서 그에게 성령을 한량없이 주심이라**』(요 3:34). 『**주의 영이 내게 임하시니 이는 가난한 자들에게 복음을 전하게 하시려고 내게 기름을 부으심이라. 그가 나를 보내셨으니 이는 마음이 상한 자를 치유케 하시며, 포로들에게 구원을 선포하고, 눈먼 자를 보게 하고, 짓밟힌 자들을 해방시켜 주고 주의 기뻐 받으시는 해를 전파하게 하심이라**』(눅 4:18,19).

성령 침례의 올바른 의미

성령 침례를 정확히 설명하는 유일한 구절은 "고린도전서 12:13"이다. 『**유대인이나 이방인이나, 종이나 자유인이나 한 성령에 의하여 우리 모두가 한 몸 안으로 침례를 받았으며 또 모두가 한 성령 안으로 마시게 되었느니라.**』

죄인이 예수 그리스도의 몸 안으로 들어가서 잠기게 되는 이 침례는 개인적인 것이며, 그가 거듭났을 때, 곧 과거에 일어난 초자연적인 사건이다.

성령 침례는 모든 신약 성도들에게는 이미 완성된 사건이며, 그의 생애에 단 한 번만 일어나는 사건이다. 성령 침례는 인종과 관계없이 모든 성도를 그리스도의 "한 몸" 안으로 모은다.

오늘날 우리에게 해당되는 성령 침례는, 성령님께서 죄인이 거듭날 때 그를 보이지 않는 그리스도의 몸 안으로 옮겨 놓는 것을 의미한다. 성령 침례는 과거에 끝나버린 사건이며, 이제는 단지 "성령 충만"을 받으려 하고(엡 5:18), "성령을 슬프게 하지 않으려" 하며(엡 4:30) "성령을 소멸시키지 않으려고" 노력할 뿐이다(살전 5:19).

사도행전 2:1-4의 오순절 성령 강림 사건은 예수 그리스도의 승천 이후 새로운 시대의 시작을 알리는 특별한 사건이었다. 이때의 성령 침례는 사도행전 1:5에서 예언되었고, 사도행전 2:3,4에서 성취되었다.

성령 침례

<u>성령 침례란 구원받을 때 일어나는 최초의 일이다.</u> 『우리 모두가 한 몸 안으로 침례를 받았으며』(고전 12:13. cf. 딛 3:5).

사람이 예수 그리스도를 믿고 구원받는 순간 성령과 관련하여 다음과 같은 일이 일어난다.

① 성령으로 거듭난다(영생으로 들어옴, 요 3:3-8).
② 성령의 보증을 받는다(엡 1:14, 고후 1:22; 5:5).
③ 성령으로 인침을 받는다(엡 1:13; 4:30).
④ 성령께서 내주하신다(롬 8:9).
⑤ 한 몸 안으로 침례를 받는다(고전 12:13).

■ 새롭게 깨달았거나 적용할 내용이 있다면 적어 보세요. ■

에베소서 3:5의 『한 침례』의 의미

『너희가 너희를 부르시는 한 소망 안에서 부르심을 받은 것처럼 한 몸과 한 분 성령이 계시니 한 분 주요, 한 믿음이며, 한 침례이고』(엡 4:4,5).

『한 분 주요, 한 믿음이며, 한 침례이고』(엡 4:5)에서 **『한 침례』**는 고린도전서 12:13의 침례를 의미한다. **『한 몸』**(엡 4:4), 즉 그리스도의 몸 안으로 침례받은 것을 의미한다.

교회에서 행하는 의식으로서의 물 침례(벧전 3:21)는 고린도전서 12:13의 영적 침례가 행해진 뒤에 행하는 구원의 간증일 뿐이다. 성령 침례는 에베소서 5:30의 **『우리가 그의 몸과 그의 살과 그의 뼈의 지체임이라.』**라는 말씀을 실행하게 한다. 고린도전서 12장은 성령 침례의 결과로서 우리가 그리스도의 한 몸 안에서 각자의 역할(은사)을 지닌 지체들이 되었음을 이야기하고 있다.

로마서 6:3-11에 따른 침례의 의미

『예수 그리스도 안으로 침례받은 우리가 그의 죽으심 안으로 침례받은 것을 알지 못하느냐? 그러므로 우리가 죽음 안으로 침례를 받아 그와 함께 장사되었으니 이는 아버지의 영광으로 인하여 그리스도께서 죽은 자들로부터 일으켜지심과 같이 우리도 또한 생명의 새로움 가운데서 행하게 하려 함이니라. 만일 우리가 그의 죽으심의 모양으로 함께 심겨졌다면 또한 그의 부활하심의 모양과 같이 되리라』(롬 6:3-5).

예수 그리스도 안으로 침례를 받은 우리는 그분의 죽으심 안으로 침례받은 것이다. 『**예수 그리스도 안으로 침례받은 우리가 그의 죽으심 안으로 침례받은 것을 알지 못하느냐?**』(롬 6:3)에서 침례는 고린도전서 12:13의 성령 침례를 의미한다. 『**유대인이나 이방인이나, 종이나 자유인이나 한 성령에 의하여 우리 모두가 한 몸 안으로 침례를 받았으며 또 모두가 한 성령 안으로 마시게 되었느니라.**』

우리는 예수 그리스도의 죽음 안으로 침례를 받아 그분과 함께 장사되었으며(롬 6:4), 주님의 죽음 안으로 침례를 받은 우리는 장차 그분의 부활하심의 모양과 같이 된다(롬 6:5). 성령 침례를 받은 성도는 장차 구주이신 예수 그리스도와 완전한 일치하여 영원히 살게 된다. 주님의 죽음 안으로 침례받은 성도는 죄에게 죽어 죄로부터 자유롭게 되었으며, 또 그렇게 여기고 살아야 한다(롬 6:7-11).

성령 침례와 성령 충만

성령께서 우리 안에 거하려고 오신 오순절에 주님의 제자들은 그리스도의 몸 안으로 들어감과(성령 침례) 동시에 성령으로 충만해졌다. 그 오순절 사건은 다시는 반복될 수 없다. 성령께서 오신 뒤로는 죄인이 거듭남과 동시에 성령 침례를 받게 된다. 성령 침례를 받은 성도는 성령 충만을 구해야 하며, 그렇게 해서 『**성령께서 너희에게**

임하시면 너희가 능력을 받으리니 그러면 예루살렘과 온 유대와 사마리아와 땅 끝까지 이르러 내게 증인이 되리라.』(행 1:8)라는 말씀대로 땅 끝까지 능력 있게 복음을 전파하는 주님의 증인이 되어야 한다.

■ 새롭게 깨달았거나 적용할 내용이 있다면 적어 보세요. ■

제3과
복습문제

1. 『유대인이나 이방인이나, 종이나 자유인이나 한 (　　　　　)에 의하여 우리 모두가 한 몸 안으로 (　　　　　)를 받았으며 또 모두가 한 (　　　　　) 안으로 마시게 되었느니라.』(고전 12:13)

2. 『너희가 너희를 부르시는 한 소망 안에서 부르심을 받은 것처럼 한 몸과 한 분 (　　　　　)이 계시니 한 분 주요, 한 믿음이며, 한 (　　　　　) 이고』(엡 4:4,5).

3. 『예수 그리스도 안으로 (　　　　　)받은 우리가 그의 죽으심 안으로 (　　　　　)받은 것을 알지 못하느냐?』(롬 6:3)

4. 성령 침례와 성령 충만은 같다. (O , X)

5. 성령 침례의 증거는 방언이다. (O , X)

6. 에베소서 4:5의 『한 침례』는 (　　　　　) 침례를 말한다.

■ 복습 문제의 정답은 홈페이지(www.solomonbtc.org)에서 확인할 수 있습니다.

NOTES

제4과
성령으로 충만하여 주의 일을 넘치게 하라

『술 취하지 말라. 그것은 방탕한 것이니
오직 성령으로 충만하라』(엡 5:18).

내주하시는 성령님과 성령 충만

혹자 안에 성령님께서 "내주"하신다고 해서 항상 "충만"하신 것은 아니다. 이는 뚜껑이 덮인 그릇 안에 물이 조금 들어 있는 상황과 비슷하다. 이때에는 분명 그릇 안에 물이 "있기는" 하지만, 그 안이 물로 "꽉 찬" 것은 아니다. 뚜껑을 열고 물을 더 부을 수는 없다고 할 때, 어떻게 하면 그 그릇 안을 물로 가득 채울 수 있을까? 답은 간단하다. "가열"하면 된다. 그러면 물 분자의 운동이 활발해지면서 기화가 일어나고, 그릇 안을 물(수증기)로 가득 채울 수 있다. 그리스도인이 성령으로 충만해지는 원리도 이와 유사하다. "그릇"(고후 4:7)은 "밀봉"(고후 1:22, 엡 1:13; 4:30)된 상태이고, 제아무리 흔들고 두드린다고 해도 그 안을 물로 가득 채울 수는 없다. 오직 "물 자체"(성령님)가 그릇 안을 꽉 채울 만큼 활발한 움직임을 가질 때에야 비로소 그릇은 물로 "충만"해질 수 있다.

성령으로 충만하면 일어나는 일

그렇다면 성령으로 충만한 사람에게는 어떤 일이 일어날까? 럭크만 박사는 엡 5:18을 주석하면서 이렇게 설명한다.

"당신이 성령으로 충만해 있으면, 마치 술 취한 사람과도 같다(행 2:13). 당신은 담대함을 가질 것이다(왕상 22:14). 당신은 '당신의 술병'을 다른 모든 사람들과 함께(합 2:15) 나누고 싶을 것이다(요 2:10). 당신은 입을 다물고 있지 않을 것이며(행 2:18), 그 '술'은 당신의 행동에 영향을 줄 것이다."

이제, 성령으로 충만한 사람들에게 일어나는 일에 대해 구체적으로 살펴보도록 하자.

1. 초인적인 능력을 발휘한다

『"보라, 내가 유다 지파 훌의 손자요, 우리의 아들인 브살르엘을 지명하여 불렀노라. 내가 그를 하나님의 영으로 충만케 하여 지혜와 명철과 지식과 여러 가지 기술로써 정교한 기술을 고안하여 금과 은과 놋으로 만들게 하며 또 보석을 깎아 물리며 나무를 새겨서 온갖 기술로써 일하게 하였노라』(출 31:2-5).

어느 건설사라도 "상세한 설계도는 없고, 하달받은 말만을 가지고 건축 프로젝트를 진행해 달라."는 요청을 받는다면, "비상식적인 일"이라면서 고개를 내저을 것이 분명하다. 게다가 여태껏 한 번도 본 적이 없는 새로운 건축물을, 변변한 인프라나 장비도 없이 시공해야 한다고 한다면 더더욱 그러할 것이다. 그러나 브살르엘은 그런 일을 어려움 없이 해 냈다. 심지어는 광야, 즉 문자 그대로의 "맨 땅"에서 해 냈다. 이처럼, 성령님께서 어떤 이 안에 충만해 주시면 그 사람은 인간적인 견지에서는 불가능에 가까워 보이는 초인적인 능력을 발휘할 수 있게 된다. 그 종류는 한 번도 배워본 적이 없는 외국어를 말하는 것, 기적을 행하는 것, 엄청난 완력을 발휘하는 것 등 매우 다양할 수 있다(행 2:5; 6:5,8, cf. 판 14:6; 15:14).

이러한 진리를 공부함에 있어 주의해야 할 점이 두 가지 있다. 첫째로 현 교회 시대는 "보는 것"으로 행하는 시대가 아니니만큼(요 20:29, 고후 5:7, 벧후 1:8), 이와 같은 초자연적인 현상은 매우 제한적으로 나타난다는 점이다. 둘째로 초자연적인 은사들을 발휘하는 사람이라고 해서 다 "성령으로 충만한" 것은 아니라는 점이다. 고린도교회의 성도들이 그러했듯 말이다(고전 1:7; 3:1).

2. 예언한다

『엘리사벳이 마리아의 문안함을 듣자, 아기가 태에서 뛰니 엘리사벳이 성령으로 충만하여 큰 음성으로 외쳐 말하기를 "너는 여자들 가운데 복이 있으며 너의 태의 열매가 복이 있도다. 내 주의 모친이 내게 오시다니 이 어찌된 일인가? 보라, 너의 문안하는 음성이 내 귀에 들리니 내 태의 아기가 기뻐서 뛰었도다. 믿은 여자는 복이 있도다. 이는 주께서 그녀에게 말씀하신 것들이 이루어질 것이기 때문이라." 고 하더라』(눅 1:41,42,45).

성령 하나님께서는 모든 것, 심지어 하나님의 깊은 것들까지도 통찰하신다고 성경은 말씀하신다(고전 2:10). 성령 하나님께서는 처음부터 그 끝을 선포하실 수 있는(사 46:10) 아버지 하나님의 모든 깊은 것을 살펴서 아실 수 있다. 따라서 성령 하나님께서 어떤 사람 안에 충만해 주셨을 때, "예언"이 뒤따른다는 것은 그리 이상한 일도 아니다(눅 1:41-45, 67-79, cf. 삼상 10:10-12; 19:19-24, 욜 2:28).

3. 사람들을 두려워하지 않고 진리를 증거한다

『그때 (바울이라고도 하는) 사울이 성령으로 충만하여 그를 주목하고 말하기를 "오 모든 간교와 악행으로 가득 찬 너 마귀의 자식아, 너 모든 의의 원수야, 네가 주의 의로운 길에서 돌아서게 하는 일을 그치지 못하겠느냐?』(행 13:9,10)

성령 하나님께서 어떤 이 안에 충만하실 때 가장 많이 일어나는 일은, "평화"를 깨고 그 곁에 있던 누군가가 "기분 나쁠만한 말"이 선포되는 것이다(미 3:8, 행 4:8-21; 7:55-60; 13:9-11). 성령님께서는 "책망하려고" 오신 분이시기 때문이다(요 16:8-11). 이런 진리에 입각해서 볼 때, 은사주의자들은 전혀 성령 충만하지 못한 사람들이다. 그들은 늘 "성령"을 부르짖지만, 누구 하나 "기분 나쁘게" 하지 못하기 때문이다. 성경은 구원받지 못한 죄인들에게도 "하나님께서는 당신을 사랑하십니다."라고 말하는 사람보다, "너 마귀의 자식아"라고 말하는 사람이 훨씬 성령 충만한 사람이라고 말씀하신다. 혹 거리, 직장, 가정 등지에서 담대하게 진리를 증거하거나 주 예수 그리스도를 시인하고 싶은데 입이 잘 떨어지지 않는가? 그렇다면 성령으로 충만해지는 방법을 배워야 한다!

■ 새롭게 깨달았거나 적용할 내용이 있다면 적어 보세요. ■

성령으로 충만해지는 방법

1. 거듭나야 한다

『우리가 행한 의로운 행위에 의하지 않고 그의 자비하심에 따라 중생의 씻음과 성령의 새롭게 하심으로 우리를 구원하셨으니 이 성령을 예수 그리스도 우리 구주를 통하여 우리에게 풍성히 부어 주셨느니라』(딛 3:5,6).

성령님께서 계시지도 않은데 성령님으로 충만할 수는 없는 노릇이다. 따라서 성령님을 소유하는 것은 성령 충만을 위한 기본 조건이다. 신약 교회 시대에는 누구나 "원한다면" 성령을 받을 수 있다. 주 예수 그리스도를 개인의 구주로 영접하여 하나님의 자녀가 되면 즉시로 성령님께서 그 안에 내주하시기 때문이다(갈 4:6; 엡 1:13,14). 혹 이렇게 한 적이 없다면, 지금이라도 주 예수님을 구주로 믿겠노라고 하나님께 말씀드리고 성령님을 소유하라! **『말씀하시기를 "기뻐 받아들여진 때에 내가 네 말을 들었고 구원의 날에 너를 도왔도다." 하였으니, 보라, 지금이 기뻐 받아들여진 때요, 보라, 지금이 구원의 날이라』**(고후 6:2).

2. 성령 충만을 위해 기도해야 한다

『그들이 기도를 마치자 그들이 함께 모여 있는 곳이 진동하더니 그들이 모두 성령으로 충만하여 담대하게 하나님의 말씀을 선포하더라』(행 4:31).

성령님께서 "구하는 자"에게 역사하신다는 것은 성경 전체에 걸쳐 흐르는 진리이다(사 44:3; 55:1, 요 7:37-39, 행 1:8,14, 계 22:17). 물론 그리스도인들은 이미 소유하고 있는 성령을 또다시 "달라고" 주님께 구할 필요는 없다. 그러나 성령으로 "충만해 주시도록" 기도할 필요는 있다.

3. 육신을 따라 살지 말고 성령님께 순종하라

『육신은 성령을 거슬러 욕심을 부리며 성령은 육신을 거스르나니 이들은 서로 반목하여서 너희가 하고자 하는 것을 하지 못하게 하느니라』(갈 5:17).

주 예수님께서는 그분을 믿는 사람들의 배에서 "생수의 강들"이 흐를 것이라고 말씀하셨는데, 이는 우리가 받을 성령님에 관한 말씀이었다(요 7:38,39). 강물은 "막는 것"이 없으면 자연스레 흐른다. 따라서 본래 하나님의 자녀들이 성령을 따라 사는 것은 마치 자연의 법칙(law)처럼 매우 당연한 일이다. 『**이는 그리스도 예수 안에 있는 생명의 성령의 법[law]이 죄와 사망의 법에서 나를 해방시켰기 때문이라**』(롬 8:2).

그러나 문제는 아직 벗어버리지 못한 우리의 육신이 그 자연스러운 "흐름"을 저지한다는 점이다. 그래서 우리는 "의지"를 사용해야 한다. 착각하지 말아야 할 것은 이것이 자신의 힘으로 육신을 대항하여 싸워 보겠노라고 전의를 불태우는 일과는 다르다는 것이다. 성경은 오히려 그 육신을 애당초 살아있지 않은 것인 양 여기라고(롬 6:11), 즉 "대화하지 말라"고 가르치신다(cf. 신 5:24). 그리고 "의지"를 사용해서 자신을 하나님께 의의 병기로 드리라고 말씀하신다.

육신의 소리를 무시하고 우리 안에서 말씀을 통해 역사하시는 성령 하나님의 음성에 경청하라. 자아를 부인하고 주님께 몸을 드리라. 그 무엇이라도 주님께서 말씀하시면 실행하겠노라는 의지를 불태우고, 그대로 행하라. 그러다 보면 어느새 주 예수 그리스도의 영이신 성령 하나님께서는 우리 몸을 꽉 채우시고 강력하게 관장하실 것이다. 곧 "그리스도의 충만하심의 장성한 분량"(엡 4:13)에 이르는 것이다. 그러면 우리는 그리스도로 살 수 있다(갈 2:20). 이는 단순히 그리스도를 흉내 내는 것이 아니다. 우리 안에 그분이 형성되셔서(갈 4:19) 그분 자신으로 살아 주시는 것이다. 이런 성도에게는 불가능한 것이 없다(빌 4:13).

흘러넘치는 생수의 강

럭크만 박사는 〈조직신학〉에서 성령 충만한 생활에 대해 설명하면서 이렇게 쓴다. "우리는 저수지가 아니라 물이 흐르는 수로이다. 우리는 반드시 넘쳐흘러야 한다. 받은 축복은 반드시 흘러나가야 한다. 예수 그리스도를 영접하고 우리 몸 안에 거하시는 성령님을 소유하고, 구속의 그 날까지 인쳐져서 상속을 받을 수 있는 사실만으로는 충분하지 않다. 우리의 몸이 하나님께서 '값으로 사신', '성령의 전'인 것이 사실이라 하더라도 우리로부터 무엇인가가 흘러넘쳐 사람들을 하나님께 인도하고 그들에게 하나님을 알려 주는 것이 필요하다." 이처럼, 성령으로 충만한 그리스도인은 생명의 능력으로 넘쳐 난다. 자신 안에 거하는 주 예수 그리스도의 영을 통해 그 스스로가 생명을 풍성히 누릴 뿐만 아니라(요 10:10), 성도들에게는 활기를, 죄인들에게는 영원한 생명을 주는 것이다.

성령 충만한 성도의 그러한 생명력 넘치는 사역은 영원한 생명으로 솟아오르는 샘물로부터 발원하기에(요 4:13,14), 결코 고갈되거나 인색해지지 않는다. 오히려 복음과 진리를 통해 사람들에게 생명력을 공급해 주는 일은 그 성도로 하여금 더 큰 생명력을 누리게 한다. 『**관대한 자는 풍족하게 되리니, 물을 주는 자는 자기 자신도 물을 받게 되리라**』(잠 11:25). 그렇게 주님의 일을 넘치게 하다 보면, 영원한 생명에 있어서도(딤전 6:12.19, 딛 3:7) 풍성한 것들이 예비될 것임을 성경은 보증하신다. 그러므로 성도여, 성령으로 충만하여 주의 일을 넘치게 하자!

■ 새롭게 깨달았거나 적용할 내용이 있다면 적어 보세요. ■

제4과
복습문제

1. 성령님께서 내주하시는 성도라도 얼마든지 성령으로 충만하지 않을 수 있다. (O , X)

2. 초자연적인 능력을 발휘하려면 성령으로 충만해야만 한다. (O , X)

3. 성령의 열매 중에는 "화평"이 있으므로, 어떠한 경우에라도 사람들의 "화평"을 깨는 말을 하는 사람은 성령으로 충만한 사람이 아니다. (O , X)

4. 주 예수 그리스도를 구주로 믿었더라도, 성령을 받으려면 일정 기간의 기다림이 필요하다. (O , X)

5. 『(　　　　　)은 성령을 거슬러 욕심을 부리며 성령은 (　　　　　)을 거스르나니 이들은 서로 반목하여서 너희가 하고자 하는 것을 하지 못하게 하느니라』(갈 5:17).

■ 복습 문제의 정답은 홈페이지(www.solomonbtc.org)에서 확인할 수 있습니다.

NOTES

NOTES

제5과
성령의 열매를 맺으라

『그러나 성령의 열매는 사랑과 기쁨과 화평과 오래 참음과 친절과 선함과 믿음과 온유와 절제니 그러한 것을 반대할 법이 없느니라』(갈 5:22,23).

성령의 일, 성령의 열매, 성령의 은사

성령 하나님께서 하시는 일과 성령의 열매 사이에는 명백한 차이가 있다. 성령님께서 하시는 일은 성령의 능동적인 사역에 따른 직접적인 결과이며, 성령의 열매는 그분의 내주하심과 우리 자신을 그분께 드림으로써 생기는 결과이다. 갈라디아서 5:17-23은 육신의 일들과 성령의 열매를 대조하고 있다. 육신의 일들(17가지)은 아담의 성품에서 비롯되는 자연적인 소산이며, 성령의 열매는 성령님께서 새 생명 안에서 역사하시는 결과이다. 성령의 열매(9가지)는 단수인데, 이는 아홉 가지 모두가 나타나기 전에는 완전하지 못하기 때문이다.

또한 성령의 은사는 선물로 받게 되는 것이지만 성령의 열매는 받는 것이 아니라 맺는 것이다. 오늘날 이 세상에 정작 필요한 것은 성령의 은사보다 성령의 열매이다.

성령의 열매 : 사랑

1. 하나님의 사랑

성령 하나님께서 그리스도인의 삶에서 처음으로 나타내 주시는 것은 하나님의 사랑이다.

『하나님께서 우리를 향해 가지신 그 사랑을 우리가 알고 또 믿었으니, 하나님은 사랑이시라. 사랑 안에 거하는 사람은 하나님 안에 거하고 하나님께서도 그 사람 안에 거하시느니라』(요일 4:16).

『여기에 사랑이 있으니, 우리가 하나님을 사랑하느 것이 아니요 그분이 우리를 사랑하시고 그의 아들을 우리 죄들을 위하여 화목제물로 보내신 것이라』(요일 4:10).

『우리가 아직 죄인이었을 때 그리스도께서 우리를 위하여 죽으심으로써 하나님께서는 우리를 향한 그의 사랑을 나타내셨느니라』(롬 5:8).

2. 하나님의 말씀에 대한 사랑

『예수께서 대답하여 그에게 말씀하시기를 "나를 사랑하는 사람은 내 말들을 지키리니 그러면 나의 아버지께서 그를 사랑하실 것이며, 또 우리도 그에게 와서 우리의 거처를 그와 함께 정하리라. 나를 사랑하지 않는 자는 나의 말들을 지키지 아니하느니라. 너희가 듣는 말은 내 말이 아니요, 나를 보내신 아버지의 말씀이니라』(요 14:23,24).

하나님의 말씀인 성경을 사랑하지 않으면서도 영적인 은사를 사랑하고 "오순절"을 사랑하는, 그런 구원받은 성경대로 믿는 그리스도인은 성경에 없다. 그러한 것은 마귀의 사랑이다. 왜냐하면 그리스도인이 하나님의 말씀을 사랑하지 않으면서도 하나님을 사랑한다는 것은 불가능하기 때문이다. 하나님을 사랑한다면 당연히 하나님의 말씀도 사랑한다.

3. 지체들에 대한 사랑

『너희가 서로 사랑하면 이것으로 모든 사람이 너희가 나의 제자인 줄 알리라."고 하시더라』(요 13:35).

『우리가 사망으로부터 생명으로 옮겨간 것을 아노니, 이는 우리가 형제들을 사랑하기 때문이라. 자기 형제는 사랑하지 않는 자는 사망 안에 거하느니라』(요일 3:14).

형제를 사랑하는 것은 우리가 구원받았고 영생을 소유하고 있다는 사실을 알 수 있는 여러 가지 증거 중의 하나이다.

형제 사랑에 관해서 유의할 점이 있다. 로마서 13:10에서는 분명히 자기 이웃을 사랑하는 것은 율법의 완성이라고 말씀하고 있지만, 형제를 사랑하는 것이 율법의 완성이라고 해서 모든 사람들을 쫓아다니면서 사랑해야 한다고 명령하는 것은 아니라는 점을 기억해야 한다.

성령의 열매 : 기쁨

성경에서 말씀하시는 기쁨은 세상에서 누릴 수 있는 쾌락이나 육신적인 즐거움과 차이가 있다.

성령의 열매인 기쁨은 다른 그리스도인들과 함께 기뻐하고(롬 12:15), 혼이 구원받을 때 기뻐하며(눅 15:7), 로마의 멸망을 기뻐하고(계 19:1,3), 이스라엘 민족이 팔레스타인으로 돌아올 때 기뻐하며(시 122:6), 항상 주님 안에서 기뻐하는 것이다(벧전 1:8). 이러한 기쁨을 성경적인 참된 기쁨이라고 말할 수 있다.

성령의 열매 : 화평

『아무것도 염려하지 말고 다만 모든 일에 기도와 간구로 너희의 구하는 것들을 감사함으로 하나님께 알려지게 하라. 그리하면 모든 지각을 초월하시는 하나님의 평강이 그리스도 예수 안에서 너희의 마음과 생각을 지키시리라』(빌 4:6,7).

『하나님의 화평이 너희 마음을 다스리게 하라』(골 3:15).

『내가 너희에게 화평을 남겨 두나니 나의 화평을 너희에게 주노라. 내가 너희에게 주는 것은 세상이 주는 것과 같지 아니하니, 너희는 마음에 근심하지 말고, 두려워하지도 말라』(요 14:27).

예수님께서는 그리스도인이 세상에 있는 동안 고난이 있게 될 것이지만, 고난이 있는 동안 화평을 갖게 될 것이라고 말씀하신다. 여러분이 구원받았다면, 영생을 소유한 것이고 성령님께서 내주하신다. 여러분은 구원받았다는 사실을 알고 있고, 구원에 대해 평강을 소유하고 있음도 알고 있을 것이다.

“화평은 모든 부정직한 정치가와 거듭나지 못한 종교적 지도자들이 자신의 인기를 잃지 않기 위해 끊임없이 이야기 하는 유일한 것이다. 화평은 날씨와 같아서 모든 사람이 그것에 관해 이야기 하지만, 아무도 그것에 대해 어떤 일도 하지 않는다. 이들이 할 수 있는 것이라고는 고작 화평을 이야기 하는 것이 전부이기 때문이다.”(피터 S. 럭크만)

성령의 열매 : 오래참음

성령의 네 번째 열매인 "오래 참음"은 "인내"를 말한다. 거듭나지 못한 자연인은 인내하지 못하는 반면, 새 성품을 소유한 새 사람은 오래 참으시는 주님과 닮게 된다.

> 『나의 어린 자녀들아, 너희 안에 그리스도가 형성될 때까지 내가 다시 산고를 치르노라』(갈 4:19).

성령의 열매 : 친절

> 『그러므로 너희는 하나님의 택함을 받은 거룩하고 사랑받는 자로서 자비로운 마음과 친절과 마음의 겸손과 온유와 오래 참음으로 옷입으라』(골 3:12).

친절은 다른 사람의 상황을 이해하고 그에 도움이 되는 합당한 도움을 주는 것을 의미한다.

그러나 친절은 타인에게만 종속되는 수동적인 행동이 아니다. 또한 타인의 위압적인 분위기에 어쩔 수 없이 맞춰 주는 행동과는 아무 관련이 없음을 알아야 한다. 친절은 상대에 대한 배려가 적극적이고 능동적으로 용기 있게 표출되는 것이다. 그러므로 특별히 구원받은 그리스도인들 사이에서 반드시 필요한 성령의 열매이다.

성령의 열매 : 선함

『그후 주께서 길에 나가시니 어떤 사람이 달려와서 주께 무릎을 꿇고 묻기를 "선한 선생님, 내가 영생을 상속받으려면 어떻게 하여야 하리이까?"라고 하니 예수께서 그에게 말씀하시기를 "어찌하여 네가 나를 선하다고 하느냐? 하나님 한 분 외에는 선한 이가 없느니라(막 10:17,18).

예수님께서는 하나님 한 분 외에는 선한 이가 없다고 말씀하셨다. 즉 선한 일이란 하나님과 관련된 일이 선한 일이다. 성경에서는 그리스도인들이 선한 일에 유념하며 진력하여야 한다고 말씀하신다(딛 3:8). 선한 일은 구원받기 위해 하는 것이 아니라 구원받았기 때문에 해야 하는 일이다.

성령의 열매 : 믿음

『이제 믿음은 바라는 것들에 대한 실상이요, 보이지 않는 것들에 대한 증거니, 원로들이 그것으로써 좋은 평판을 얻었느니라. 믿음으로 우리는 세상들이 하나님의 말씀으로 지어진 것을 깨닫나니 보이는 것들은 나타나는 것들로 된 것이 아니니라』(히 11:1-3).

믿음은 간단히 말해 "보는 것"에 의하지 않고 "믿음"으로 사는 사람들의 삶을 나타낸다. 그리고 "보는 것"으로 행하지 않고 "믿음"으로 행하는 사람들의 삶을 의미한다. 왜냐하면 "의인은 믿음으로" 살기 때문이다(롬 1:17).

성령의 열매 : 온유

『오직 마음에 숨겨진 사람을 썩지 아니하는 것 곧 온유하고 고요한 영으로 단장할지니 그것은 하나님 보시기에 매우 값진 것이니라』(벧전 3:4).

예수님께서는 친절할 뿐만 아니라 온유하신 분이셨다. 친절하고 온유하셨던 예수님께서는 성전으로 들어가 탁자를 걷어차고 돈을 바닥에 뿌리고 사람을 채찍으로 때리셨다. 또한 그분께서는 다시 오실 때 사람들을 불못에 던져 버리겠다(마 25장)고도 말씀하셨다. 온유함은 의로운 분노를 내되 냉정을 잃지 않는 것을 말한다.

성령의 열매 : 절제

『형제들아, 내가 이것을 말하노니 때가 얼마 남지 안았으니 이제부터 아내가 있는 사람들은 없는 것같이 하며 또 우는 사람들은 울지 않는 것같이 하고 기뻐하는 사람들은 기뻐하지 않는 것같이 하며 또 물건을 사는 사람들은 소유하지 않은 것같이 하라. 그리고 세상을 이용하는 자들은 다 이용하지 못할 것처럼 하라. 이는 이 세상의 형체가 사라져 감이라』(고전 7:29-31). 『너희의 절제가 모든 사람에게 알려지게 하라. 주께서 가까우시니라』(빌 4:5).

성령의 열매를 맺으라

『진실로 진실로 내가 너희에게 말하노니, 한 알의 밀이 땅에 떨어져 죽지 아니하면 한 알 그대로 남아 있지만 죽으면 많은 열매를 맺느니라』(요 12:24).

만일 자아를 죽이지 않는다면 육신의 일들만 거두게 된다. 성도가 열매를 맺지 못하는 이유는 자신을 그리스도와 함께 십자가에 못 박지 않고 살아가기 때문이다(갈 2:20). 육신을 십자가에 못 박은 새 생명만이 하나님의 영광을 위해 열매 맺는 삶을 살 수 있다.

『내가 그리스도와 함께 십자가에 못박혀 있으나 그럼에도 나는 살아 있노라. 그러나 내가 사는 것이 아니요, 그리스도께서 내 안에 사시는 것이라. 내가 이제 육신 안에서 사는 삶은 나를 사랑하시어 나를 위해 자신을 주신 하나님의 아들을 믿는 믿음으로 사는 것이라』(갈 2:20).

■ 새롭게 깨달았거나 적용할 내용이 있다면 적어 보세요. ■

성령의 열매를 맺으려면

그리스도인은 자신을 십자가에 못 박고 오직 "나를 위해 자신을 주신 하나님의 아들을 믿는 믿음으로" 살 때 성령의 열매를 맺을 수 있다. 갈라디아서 5:23은 아홉 가지의 성령의 열매에 대해 나열한 후 마지막으로 그러한 것을 반대할 법이 없다고 말씀한다. 즉 성도가 성령 안에서 행하고 성령의 열매를 맺는다면 그러한 성도를 반대할 것이 없게 되고, 성도는 성령 안에서 하나님을 섬길 수 있는 진정한 자유를 맛볼 수 있게 될 것이다.

■ 새롭게 깨달았거나 적용할 내용이 있다면 적어 보세요. ■

제5과
복습문제

1. "성령의 일"과 "성령의 열매"는 같은 것이다. (O , X)

2. "성령의 열매"와 "성령의 은사"는 다른 것이다. (O , X)

3. 하나님을 사랑하는 것과 하나님의 말씀을 사랑하는 것은 다르다. (O , X)

4. 세상의 "화평"을 이루기 위해서는 성도가 성령의 열매를 많이 맺어야 한다. (O , X)

5. 그리스도인은 선한 일들을 넘치게 해야 하는데 "선한 일"이란 하나님과 관계된 일을 말한다. (O , X)

6. 성령의 열매는 (   )가 죽기까지는 맺힐 수 없다(갈 2:20).

■ 복습 문제의 정답은 홈페이지(www.solomonbtc.org)에서 확인할 수 있습니다.

NOTES

제6과
그리스도인들에게 주시는 성령의 은사들

『그러므로 내가 너를 일깨우는 것은 나의 안수함으로 네 속에 있게 된 하나님의 은사를 불일듯 일어나게 하려 함이라』(딤후 1:6).

하나님께서 그리스도의 몸인 교회에 주신 은사들

하나님께서 그리스도의 몸인 교회에 주신 은사들이 있다. 특별히 성령 하나님께서 주시기에 성령의 은사라고 부른다.

> 『그러나 이 모든 일은 한 분이신 같은 성령께서 역사하시어 그분께서 원하시는 대로 각 사람에게 나누어 주시느니라』(고전 12:11). 『하나님께서도 자신의 뜻에 따라 표적들과 이적들, 다양한 기적들과 성령의 은사들로써 그들에게 증거하셨느니라』(히 2:4).

은사는 단순한 육신의 재능과는 다르다. 물론 개인의 재능을 하나님을 위해 사용함으로써 재능이 은사로 새롭게 계발될 수도 있지만, 재능과는 달리 기본적으로 은사는 성령 하나님께서 거듭난 성도에게 주시는 특별한 것이다. 주님께서 주신다면, 성도는 그것을 썩히지 말고 주님을 위해 사용해야만 한다. 그래서 사도 바울은 그의 영적인 아들 디모데에게 『**네 안에 있는 은사를 소홀히 여기지 말라.**』(딤전 4:14)라고 권면했고, 사도 베드로는 『**각 사람이 받은 은사대로, 하나님의 다양한 은혜를 맡은 선한 청지기같이**』(벧전 4:10) 섬길 것을 강조했다.

■ 새롭게 깨달았거나 적용할 내용이 있다면 적어 보세요. ■

은사(gift)란 무엇인가?

은사란 은혜로 구원받은 성도에게 성령을 통해 주시는 하나님의 "선물"(gift)이다. 구원이 아무런 대가 없이, 값없이 주시는 하나님의 선물인 것처럼 은사 또한 어떠한 대가 없이, 값없이 주시는 하나님의 선물인 것이다. 하나님께서는 "구원받은 성도들 각 사람"에게 적어도 한 가지 이상의 "적합한 은사"를 선물로 주신다.

『그러나 이 모든 일은 한 분이신 같은 성령께서 역사하시어 그분께서 원하시는 대로 각 사람에게 나누어 주시느니라』(고전 12:11). 『그러나 우리 각자에게 그리스도의 은사의 분량대로 은혜를 주셨으니』(엡 4:7). 『나는 모든 사람이 나와 같기를 바라나 사람마다 하나님께로부터 받은 자기의 적합한 은사가 있어서 이런 사람도 있고 저런 사람도 있느니라』(고전 7:7).

하나님께서는 한 성도에게 모든 은사를 몰아주지 않으신다. 각 성도에게 맞는 영적인 은사들을 각자에게 알맞게 나누어 주신다. 만약 한 사람에게 영적인 은사들을 모두 몰아주셔서 모든 일을 감당케 하셨다면, 하나님의 사역에 있어 동역자는 필요 없었을 것이다. 하지만 하나님께서는 그렇게 일하시지 않으신다. 사도 바울에게도 동역자가 필요했듯이, 하나님의 사역에는 다양한 은사를 가진 다양한 성도들이 필요하다. 그렇기에 『**우리가 알거니와 하나님을 사랑하는 자들, 곧 그분의 목적에 따라 부르심을 받은 자들에게는 모든 일이 합력하여 선을 이루느니라.**』(롬 8:28)라고 말씀한다. 힘을 합하고 함께 일함으로써 교회를 세워 나가며 또 함께 하나님의 사역을 이루어 나가야 하는 것이다.

"하나님께서는 모세에게 지팡이를, 다윗에게 물매를, 삼손에게 나귀의 새 턱뼈를, 샴갈에게 소를 모는 막대기를, 에스더에게 곱고 아름다운 용모를, 드보라에게 시의 재능을, 도르카에게 바느질하는 재능을, 아폴로에게 유창한 언변을 주시고, 또 모든 성도에게 각자가 활용할 수 있는 여러 가지 은사들을 주셨다. 그렇게 함으로써 그들 각자는 주님을 위해 가장 효과적으로 섬겼다"(W.W. 돌리).

은사를 주신 목적은 무엇인가?

하나님께서 은사를 주신 목적은 성도가 하나님의 영적인 일들을 수행할 수 있도록 하기 위함이다. 이때 은사는 하나님께서 일방적으로 주시는 선물이다. 성령 하나님께서 친히 원하시는 대로, 그분께서 뜻하시는 대로 각 사람에게 은사들을 주시어 하나님의 일을 수행하게 하신다(고전 12:11). 성도들이 어떤 은사를 원한다고 해서 무조건 그 은사를 주지 않으신다. 은사를 성도에게 주시는 것은 하나님의 권한이다.

하나님께서는 또한 성도들을 온전케 하며 섬기는 일을 하고 그리스도의 몸인 "교회의 유익"을 위해서 은사를 주신다.

『그러나 각 사람에게 성령의 나타나심을 주신 것은 함께 유익을 얻게 하려 하심이라』(고전 12:7).

인간의 몸에서 어느 기관 하나 필요 없는 부분이 없는 것처럼, 그리스도의 몸에도 필요 없는 기관은 없다. 교회 안에 어린아이부터 노년에 이르기까지 단 한 사람도 필요 없는 성도는 없는 것이다.

『그러나 이제 하나님께서는 친히 원하시는 대로 지체들 각각을 몸 안에 두셨느니라. 만일 모두 다 한 지체이면 몸은 어디겠느냐? 그러나 이제 지체들은 많아도 한 몸이니라. 눈이 손에게 "나는 네가 필요 없다." 하거나 또 머리가 발에게 "나는 네가 필요 없다."고 말할 수 없느니라. 뿐만 아니라 몸의 더 약하게 보이는 지체들이 오히려 더 요긴하고 우리가 덜 귀히 여기는 몸의 지체들에게 보다 많은 존귀로 입혀 주며 우리의 아름답지 못한 지체들은 더욱 아름다운 것을 얻으며 우리의 아름다운 지체들은 요구할 것이 없느니라. 오직 하나님께서는 그 몸을 고르게 하사 부족한 지체에게 더 많은 존귀를 주셨으니, 이는 몸 안에 분열이 없게 하실 뿐만 아니라 지체들이 서로에게 동일한 관심을 가지게 함이라』(고전 12:18-25).

우리 몸은 각 부분을 빠짐없이 다 필요로 하고, 각 부분은 각기 다른 기능을 가진 서로 다른 부분들을 모두 필요로 한다. 몸의 각 지체는 혼자서 지탱할 수 없다. 각자의 위치에서 서로 알맞게 맞물려 있어야 하고, 자기 나름대로 고유의 기능을 온전히 수행해야만 한다.

하나님께서는 이처럼 그리스도인들이 자기의 역할을 수행하여 온몸이 함께 유익을 얻는 것을 원하신다. 설령 더 약해 보이고 덜 귀하게 여겨지는 몸의 지체들이 있다손 치더라도 그것이 그 지체가 없어도 된다는 것을 의미하지 않는다. 오히려 하나님께서는 그만큼 부족하고 덜 귀하게 여겨지는 지체들을 더 많은 존귀로 입혀 주심으로서 온몸을 고르게 하신다. 따라서 만약 교회 안에 성도들을 온전케 하며 섬기는 일을 하고 그리스도의 몸인 "교회의 유익"을 위해 은사들을 사용해 하나님의 영적인 일들을 수행하는 성도들로 넘친다면 그 교회는 강성한 교회로 성장할 것이다.

은사의 종류

1. 그리스도인들에게 주어지는 은사

1) **지혜의 말씀(고전 12:8)**. 때와 장소에 따라 하나님의 말씀을 정확하고 올바르게 적용하고 말할 수 있는 은사이다.

2) **지식의 말씀(고전 12:8)**. 하나님의 말씀의 뜻이 무엇인지 정확하고 올바르게 이해할 줄 아는 은사이다. 지혜와 지식의 은사는 하나님의 말씀을 온전히 믿고 진지하게 공부하는 것과 비례해서 그 은사의 분량(엡 4:7)이 더욱 깊어지고 커진다.

3) **믿음의 은사(고전 12:9)**. 하나님과 하나님의 말씀인 성경을 있는 그대로 믿는 은사이다. 믿음의 분량(롬 12:3,6)은 하나님의 말씀을 믿고, 읽고, 듣고, 묵상하고, 공부하고, 실행하는 것에 비례하여 커진다.

4) **예언의 은사(고전 12:10, 롬 12:6)**. 장차 어떤 일들이 일어날 것인지에 대해 성경에 근거하여 예견하고 미리 말하는 은사이다. 성경에 있는 내용을 말하고 가르치는 것이기에 설교의 은사와 맥락을 같이하기도 한다. 성경대로 믿는 사람들은 올바른 말씀과 올바른 교리와 올바른 믿음이 있고, 또 그들 안에 성령님께서 인도하고 계시기 때문에 예언의 은사를 가지고 있는 것이나 다름없다. 특히 어떤 성도는 다른 성도에 비해 훨씬 더 많은 예언의 은사를 갖고 있기도 하다(클라렌스 라킨, 스코필드, 피터 럭크만 등). 이는 그들이 풍성한 성

경 지식을 소유하고 있어서 그 말씀들에 비추어 장차 세상에서 어떤 일이 일어날 것인가를 다른 성도들보다 더 많이 깨달아 알고 있기 때문이다.

5) 영들을 분별함(고전 12:10). 어떤 영이 "하나님의 영"인지 아닌지를 구별할 수 있는 은사이다. 이러한 은사가 있어야 어떤 사람이 하는 말이나 일들이 하나님으로부터 비롯된 일인가 아니면 마귀로부터 비롯된 일인가를 구별할 수 있게 된다.

6) 섬김의 은사(롬 12:7). 겸손히 낮아진 자세로 다른 지체들을 잘 보살피고 시중을 드는 은사이다.

7) 가르치는 은사(롬 12:7). 누군가에게 하나님의 말씀인 성경을 잘 가르치는 은사이다.

8) 권면의 은사(롬 12:8). 다른 사람들에게 진리를 따라 살도록 말씀으로 잘 권면하는 은사이다. 이 은사 역시 예언의 은사처럼 설교의 은사와 맥락을 같이 한다.

9) 구제의 은사(롬 12:8). 누군가를 성실하게 잘 구제하고 도와주는 은사이다.

10) 지도의 은사(롬 12:8). 누군가를 근면하게 잘 지도하고 다스리는 은사로서, 목사들과 교사들은 이 은사를 성령 하나님으로부터 받아야 한다.

11) 자비를 베푸는 은사(롬 12:8). 누군가를 잘 용서하고 자비를 베푸는 은사이다.

2. 이스라엘에게 주어지는 은사

표적으로 주어진 은사들은 은사이기 이전에 "이스라엘을 위해 주어진"(고전 1:22) "사도의 표적"(고후 12:12)이기에, 사도들의 시대가 끝났을 때 표적으로 주어진 은사들은 더 이상 나타나지 않는다.

1) 병 고치는 은사(고전 12:9). 병 고치는 은사는 표적으로 주어진 은사이기에 지금 이 은사는 더 이상 주어지지 않는다. 물론 그리스도인들이 합심하여 기도함으로써 질병에서 치유될 수는 있지만, 신유자 혹은 치유자는 없다. 따라서 오늘날 은사주의 가짜 목사들이 행하는 소위 "신유의 은사"는 비성경적이다.

2) 기적들을 행함(고전 12:10). 기적들 역시 이스라엘을 위한 표적으로써, 믿지 않는 유대인들에게 믿게 하려는 방편으로 교회 시대 초기에 일시적으로 주어졌다. 따라서 이 은사 역시 오늘날 교회 시대의 그리스도인들과 무관하고 철저히 "유대인적"이다.

3) 방언의 은사(고전 12:10). 방언의 은사는 본래 표적으로 주어졌다. 『**그러므로 방언들은 믿는 사람들을 위한 것이 아니라 믿지 않는 사람들을 위한 표적이지만 예언은 믿지 않는 사람들을 위한 것이 아니고 믿는 사람들을 위한 것이라**』(고전 14:22). 특히 방언은 "외국어"(행 2:4-8, 창 10:5,20,31)를 말한다. 즉, 방언의 은사는 교리적으로 적용하면 유대인들을 위한 표적이었고, 영적으로 적용하면 외국어를 할 수 있는 능력을 말한다. 그리스도인 중에는 외국어에 능통한 사람들이 있다. 일례로 사도 바울은 많은 "방언"(외국어)을 말할 수 있었다(고전 14:18).

4) 통역의 은사(고전 12:10). 이것 역시 방언처럼 표적 안에서 이해해야 한다. 어떤 성도는 외국어를 통역할 줄 아는 영적인 은사를 갖고 있다. 어떤 성도가 외국어를 하고 통역할 줄 안다면, 그것은 하나님께서 그 사람을 어떤 특별한 목적에 쓰시기 위함이다. 일례로 "해외 선교사들"의 경우가 그렇다.

이 외에도 다양한 은사들이 있는데, 목소리가 타고난 사람이 있고, 악기 연주를 잘 하는 사람도 있다. 거리 설교를 잘 하는 사람이 있는가 하면, 구령을 잘 하는 사람이 있고, 말을 잘 하는 사람이 있는가 하면, 글을 잘 쓰는 사람이 있다. 대접을 잘 하는 사람이 있는가 하면, 사역자를 잘 도와주고 잘 지원하는 등 다양한 은사들을 가진 이들이 있다.

주님께로부터 받은 은사를 활용하라

그리스도인들 중에서 자신이 받은 은사가 무엇인지 모르는 사람이 있다. 헌신하지 않았기 때문이다. 하나님께 자신의 몸을 쓰도록 내어 드리는 성도에게만 하나님께서는 그 성도의 은사가 무엇인지 알려 주시는 것이다. 따라서 자신의 은사를 발견하는 문제는 자신의 몸을 하나님께 온전히 드렸는가, 곧 헌신의 문제와 연관되어 있다. 『**형제들아, 이제 나는 너희가 영적인 은사들에 관해 무지하기를 원치 아니하노라**』(고전 12:1).

은사에는 분량이 있다(엡 4:7). 따라서 받은 은사를 더 개발하고 개선하고 적극적으로 활용하다 보면 그 은사가 향상되기도 한다. 그런 그리스도인이 더 풍성한 열매를 맺는 것은 당연한 일이다. 따라서 하나님께서 주신 은사가 무엇인지 알아야 하고, 알았다면 최대한 활용하여 지속적으로 열매 맺어야 한다. 1930년대 중국 선교사로 갔던 캐나다 목사 알반 더글라스가 "쓰지 않는 은사는 녹이 슬 염려가 있어서, 아예 하나님께서 우리에게서 그 은사를 빼앗아 가실지도 모른다."라고 말했던 사실을 잊지 말아야 한다.

하지 않은 일에 대한 후회를 남기지 말라!

후회에는 "한 일에 대한 후회"(regret of action)와 "하지 않은 일에 대한 후회"(regret of inaction)가 있다. 무엇인가 한 일에 대한 후회는 오래가지 않는다. 설령 그 결과가 잘못되었더라도 그 일이 도전해 볼 만한 충분한 가치가 있었다고 얼마든지 정당화할 수 있기 때문이다. 그러나 하지 않은 일에 대한 후회는 쉽게 정당화되지 않

아서 죽을 때까지 "그 일을 했어야 했는데"라며 후회하는 경우가 많기 때문에 더 오랫동안 후회하게 된다(노스웨스턴대학교 심리학과 닐 로스(Neal J Roese) 교수).

영원이라는 기간 동안, 지금 헌신하지 않고 주님을 위해 은사를 사용하지 않았던, 결정하고 행동으로 옮기지 않았던 바로 이 순간에 대한 후회를 안고 살아가고 싶은가? "그때 헌신했어야 했는데, 그때 주님을 위해, 주님의 피로 사신 교회를 위해 내게 주신 은사를 더 적극적으로 활용했어야 했는데, 한 번이라도 더 거리 설교에 참여해서 복음을 증거했어야 했는데, 교회에서 일손이 필요하다고 했을 때 그 일을 했어야 했는데, 그때 주님께서 보여 주셨던 생각대로 그 길을 걸어 나갔어야 했는데…"와 같은, 하지 않았던 일에 대한 후회를 남기지 않도록 바로 지금 헌신하여 자신의 은사를 확인하고 또 적극적으로 활용해야 한다. 마지막 시대의 그리스도인들은 그 안에 있는 『**하나님의 은사를 불일듯 일어나게**』(딤후 1:6)하고, 『**영적인 은사들을 열망**』하되 『**교회를 세우는 데 풍성하기를**』 구해야 하며(고전 14:12), 그것을 최대한 활용함으로써 하나님께 모든 영광을 돌려드려야 한다. 그래야만 『**아무 은사에도 부족함이 없이 우리 주 예수 그리스도의 오심을**』(고전 1:7) 기다릴 수 있다. 주님께서 오실 날이 더 가까워진 이 마지막 때에 절대로 "하지 않은 일"에 대한 후회를 남기지 않도록 해야 할 것이다.

■ 새롭게 깨달았거나 적용할 내용이 있다면 적어 보세요. ■

제6과 복습문제

1. 하나님께서 그리스도의 몸인 교회에 주신 은사들이 있다. 특별히 성령 하나님께서 주시기에 (   )의 은사라고 한다.

2. 은사란 은혜로 구원받은 성도에게 성령을 통해 주시는 하나님의 "선물"(gift)이다. (O , X)

3. 하나님께서 은사를 주신 목적은 성도가 하나님의 영적인 일들을 수행할 수 있도록 하기 위함이다. 이때 은사는 하나님께서 일방적으로 주시는 선물이다. (O , X)

4. 병 고치는 은사와 방언의 은사는 하나님께서 그리스도인들에게 주시는 은사다. (O , X)

5. 그리스도인들 중에서 자신이 받은 은사가 무엇인지 모르는 사람이 있다. 그 이유는 (   )하지 않았기 때문이다.

■ 복습 문제의 정답은 홈페이지(www.solomonbtc.org)에서 확인할 수 있습니다.

NOTES

복습 문제 정답

제1과

1. X
2. 의지
3. 위로자
4. 죄, 의, 심판
5. X

제2과

1. 내주
2. 성령
3. 깊은 것들
4. 화평
5. 진리, 다가올 일들

제3과

1. 성령, 침례, 성령
2. 성령, 침례
3. 침례, 침례
4. X
5. X
6. 성령

제4과

1. O
2. X
3. X
4. X
5. 육신

제5과

1. X
2. O
3. X
4. X
5. O
6. 자아

제6과

1. 성령
2. O
3. O
4. X
5. 헌신

<추 천 도 서>

조직신학

피터 럭크만 지음 / 1,040쪽 / 50,000원

철저히 〈킹제임스성경〉에 기반을 두고 올바른 성경적 해석 방법에 따라 진리의 말씀을 올바로 나누고 성경을 성경으로 해석하여 바른 신학을 집대성한 책이다.

하나님과 함께 걷는 길

필립 켈러 지음 / 248쪽

8,000원(eBook 5,600원)

주님께서는 성도들을 영원한 세계로 인도해 주시기를 원하신다. 이 책은 하나님과 함께 거룩하게 살아가는 법을 제시해 준다.

높은 곳으로부터 오는 능력

찰스 피니 지음 / 192쪽

6,000원(eBook 4,200원)

저자는 죄인들의 극적인 회심에 관한 이야기들과 함께 어떻게 능력을 받고, 죄들을 이기고, 효과적인 기도를 하는지 알려준다.

하나님은 나의 기쁨이시라

필립 켈러 지음 / 256쪽

6,500원(e-Book 4,900원)

이 책은 하나님과 동행하는 삶을 잘 표현한 책이다. 그분의 말씀 속에 있는, 사랑의 언어들은 우리에게 하나님만을 바라보게 한다.

솔로몬 성경공부 시리즈

성령 침례와 성령 충만

초판인쇄 2023년 11월 22일
초판발행 2023년 11월 23일
지 은 이 / 편 집 부
발 행 인 / 박 승 용
발 행 처 / 말씀보존학회
출판등록 / 제409-2022-000036호
주 소 / 서울 강서우체국 사서함 제90호
전 화 / (02) 2665 - 3743
팩 스 / (02) 2665 - 3302
인 터 넷 / www.biblemaster.co.kr

값 10,000 원